# 伝統中国の法制度

小口 彦太
【著】

成文堂

# 目　次

## 第1章　伝統中国の法 …………………………………… *1*

**❶** 伝統中国社会像 …………………………………………… *1*
**❷** 伝統中国における法のとらえ方―「法家」の場合― ………… *6*
**❸** 伝統中国における法の歴史 ……………………………… *10*
　1　秦漢時代（*10*）
　2　魏晋南北朝時代（*11*）
　3　隋唐時代（*13*）
　4　宋元明時代（*14*）
　5　清　代（*16*）
**❹** 律文の構造と内容 ………………………………………… *19*

## 第2章　刑事事件・民事紛争の処理―清代の場合― ……… *22*

**❶** 事件・紛争処理のための機関 …………………………… *22*
**❷** 刑事事件処理の過程 ……………………………………… *24*
**❸** 法の適用上の特色 ………………………………………… *30*
**❹** 民事紛争の処理 …………………………………………… *35*
**❺** 刑事事件・民事紛争処理の非裁判的性格 ……………… *37*

あとがき（*43*）

# 第 1 章
# 伝統中国の法

## ❶ 伝統中国社会像

 20世紀初頭に至るまでの旧中国はいかなる性格の社会であったのか。この点に関してはこれを封建社会としてとらえる見方が中国では一般的である。すなわち、そこでは社会の規定的要因を生産関係（生産手段の所有を通しての人と人との関係）に求め、地主＝小作制をもって主要な生産関係とみなし、この両者の間に封建的な支配と従属の関係を認めようとするものである。そして、中国ではすでに秦漢以来この地主的土地所有制が支配的であったとする。しかし、この封建地主制論には以下のような問題点がある。

 まず、地主＝小作制に基礎をおく土地所有制が旧中国社会でどこまで支配的であったかという問題がある。というのは、中国では秦漢以来一貫して、家族労働のみにもとづく自営小農民の小土地所有制が地主制と並んで広範に存在しており、このいずれが支配的であったかはにわかには決めがたいからである。

 さらに問題となるのは、中国の地主的土地所有制は、軍事権や刑罰権のような経済外的強制と一体化した領主制的土地所有とは異なり、純粋に経済的所有に終始しているということである。地主の小作人に対する地代の収奪がどんなに高率で苛酷なものであろうとも、

この両者の関係は土地の賃貸借という契約に基礎をおくものであり，契約終了後も人格的な支配と従属の関係が続くということは認められない。この地主的土地所有制に経済外的強制の装置が見出せないのは，中国では「正当な物理的暴力行使の独占体」としての国家（マックス・ウェーバー）が広大な領域を統括してきたからである。

　そこで，中国における封建地主社会論に対して生ずる第3の疑問は，上記の意味での国家の存在する社会にまで封建制概念を拡張することが，それぞれの社会の特質を把握するための概念の有効性の見地からみて適切であるかということである。そもそも現代の社会科学や歴史学において用いられている封建制という概念は，古代国家が解体して以後，国民国家，あるいはその前段階をなす絶対主義国家が形成される以前のヨーロッパ社会の特質を説明するためにつくりあげられたものであり，そこにおいては少なくとも以下の2つを本質的要素とする。その1つは，領主の自律的な家権力に代表されるように，「行政手段，戦争遂行手段，財政運営手段その他の政治的に利用できるあらゆる種類の物財」（同上）が私人ないし私的団体によって所有されていることであり，他の1つはこうした自律的権力のせめぎあいによって引き起こされる社会の無秩序化を克服するための方法として，支配層相互間で契約を通して人的結合関係が形成されるということである。もし封建制を以上のように理解すべきであるとするなら，これは官僚制と相反する概念であるといわなければならない。なぜならば，官僚制とは行政幹部と行政手段が分離し，行政幹部は「ヘル」――ヘルとは「他人から授与されたのでない，自分固有の命令権力をもつ者」（同上）を意味する――によって予め定められた規則に対して服従することを内容とするものだからである。そして，旧中国社会がいずれの類型に属する社会であるかと問うならば，まぎれもなく官僚制の支配する社会であったとい

わなければならない。その社会が封建社会であったか，それとも官僚制社会であったかは，それぞれの社会のもとでの法の性格（法観念，法の形態，法の内容等）を考えるうえで重要な意味を有する。

　中国も古く周「封建」の世まで遡ると，周王（天下の支配者）がその一族である諸侯（「国」の支配者）に，諸侯はその一族である卿・大夫（「家」の支配者）にそれぞれ統治権の一部を委譲する体制を見出すことができ，それは自然経済が支配的で，交通手段が未発達であった当時の社会的条件のもとでの政治的結合の様式をなした。そして，この「封建」制が根本的に解体するのは春秋後期から戦国期にかけてである。この時期になると生産力の発展，社会的分業の展開，貨幣経済の浸透によって，諸侯─卿・大夫といった支配層内部における分権的政治体制と経済的支配の基礎をなしていた氏族共同体が解体し，各「国」において君主による一元的な領域支配の体制が形成されてくる。すなわち物的行政諸手段の私的＝族的所有を排除し，それらを自らの手に独占した君主が，官僚制という機構を通して，「邑」＝氏族共同体の解体の中から析出されてくる「一夫，五口の民」と称される家族を戸籍によって把握し，一元的行政をおこなう体制が形成されてくる。秦によって全国統一（紀元前221年）は，この戦国期の各「国」内部において進行していた君主による一元的支配体制を全国的規模で完成させたものにほかならない。そして，この全国統一に伴って，従来の「王」のように他の諸身分にくらべて相対的に高次の支配者とは異質の，宇宙全体に対する絶対的支配者を意味する「皇帝」という称号が採用され，この「皇帝」独裁体制は以後清末まで2000年以上の長きにわたって持続した。

　ただし，この皇帝権力は最初からその理念どおりの絶対的権力を有していたわけではなく，巨視的にみて唐代までと宋代以後とではその権力の度合いに差異があるといわれている。そのことは行政ス

タッフ＝官僚に対する任用制度と国家意思決定のありかたの面によく示されている。すなわち前者に関していえば，三国魏以来の九品中正法（九品官人法）に基礎をおく門閥貴族制が皇帝の人事権を大きく制約した。九品中正法とは，官僚の候補者をまずその出身地の中正が九等に等級づけて推薦し，朝廷においてはその等級＝郷品に相応する官品にその人を任命するというもので，本来は在地の有能な人物の推挙を意図したものであるが，実際には州県の中正が推挙する官吏候補者は門閥家の子弟に限られることによって，国家の官職はおのずから門閥貴族層に掌握されることとなった（宮崎市定）。この制度は隋の時代に廃止され，以後隋唐期においては科挙制が採用されるのであるが，しかし科挙制に一本化されたわけではなく，任子（にんし）の制（父祖が官人の場合，その子孫は試験を受けることなく自動的に父祖より数等下位の官職に任用される制度）が並び行なわれ，しかも後者のほうが量的にも多かったのみならず，官職の授与を司る吏部尚書のポストを門閥貴族層が握っていたことによって，任子制によるほうが昇進に有利であった。こうした皇帝権力に対する制約はまた国家意思決定の面においても見出され，唐代までは国家統治上の重要問題の決定に関しては門下省の同意なしには皇帝の意思といえども国家の公的意思とはなりえなかった。すなわち皇帝の意を受けて中書省で作成した原案は門下省に送られ，門閥貴族層の意思を代表する門下省がその原案を不当と判断すれば拒否権＝「封駁」（ふうばく）を行使でき，その同意あった場合にのみ尚書省を通して執行に移されたのである（内藤乾吉）。

　しかし，他方，隋唐期になると科挙制の導入，州・県内の地方属官に対する州長官の人事権の否定，属官を含む地方官の本籍回避制など君主権力強化のための措置がとられ，宋代になるとそのよりいっそうの強化がはかられるようになる。すなわち官僚の任用は原則

として科挙制に一本化され、しかも最終試験を科す主体が礼部にとどまった唐代までと異なり、君主自らが最終試験を科すことによって君主と各官僚との一体感が強化された。社会的身分や門地にとらわれることなく能力さえあればだれでも国家の官僚として採用されうるということは、君主権力を支える人的基盤が全社会的規模に広まったことを意味する。さらに、国家意思決定の面での宰相職の権限の弱体化ということも宋代以後の特色をなす。「天子ヲ輔ケ国政ヲ統フルノ官ヲ総称シテ宰相ト云フ」（『清国行政法』）とすれば、秦漢の丞相から唐の三省の長官（中書令、門下侍中、尚書僕射）までその職務権限は強力であったが、宋代になると国政を担当する中央の諸機関のうち政務を担当する中書門下（その長官の同平章事が宰相職にあ

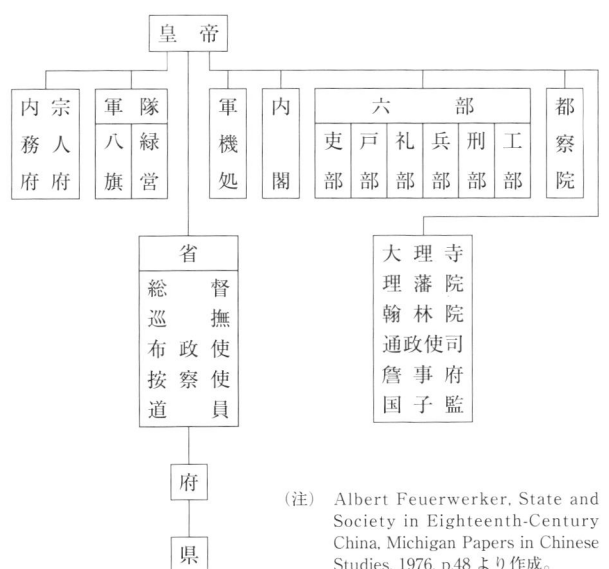

(注) Albert Feuerwerker, State and Society in Eighteenth-Century China, Michigan Papers in Chinese Studies, 1976, p.48 より作成。

たる)のほかに枢密院（軍事を担当），塩鉄使・度支使・戸部使の三司（国家財政を担当），さらに審官院（人事行政を担当），審刑院（刑罰適用業務を担当）などの諸機関がそれぞれ独自に君主に直属することになった。ここでは宰相はもはや国政を統括しているとはいえない。そして明・清時代になると宰相職自体が消滅してしまうことになる。伝統中国最後の王朝である清朝のもとでの統治機構は前頁の図のようなものであった。

　秦漢以来の旧中国は，権力の多元性を認めない一君万民制を理念とし，その理念は時代が下るごとに現実化されていった。軍事，刑罰，租税徴収などの権力を皇帝を主権者とする国家が独占し，そのコロラリーとして非政治化された社会内部において農業や商業，手工業が営まれる社会，それが伝統中国の社会の実像であった。

## ❷ 伝統中国における法のとらえ方
——「法家」の場合——

　中国において法がどのようなものとしてとらえられていたか——法観念と言い換えてもよい——を総体として明らかにするためには，さまざまな思想家の法に関する議論を通してか，あるいは法を表現する言語に着目してその用法と，その用法の歴史的変遷を分析するといった作業が本来ならば必要である。しかし，法律学という独自の学問の発展も，また法の解釈に従事する独自の専門家集団としての法曹の形成もみなかった伝統中国に即して法がどのようなものとして理解されていたかを明らかにすることは非常な困難を伴う。ここではとりあえず「法」ということばの用いられ方，それも「法家」思想の集大成者である韓非のそれに限定して彼においては法はどのようなものとして理解されていたかをみてみるにとどめたい。

こうした方法は明らかに一面的であるが，中国──そして日本も──が近代になって西欧の制度文物としての法を紹介・継承しようとした際にlaw, recht, droitなどの言語に「法」ということばをあてたということはまぎれもない事実であり，そのことは両者の間に何らかの共通点があったればこそのことである。とすれば，「法」が法のどの側面を体現していたかを知ることでもって伝統中国における法観念の一端を探り出すことは十分に可能であるだろう。

ところで，法を最も抽象的次元で定義するとしたら，まずそれが事実ではなく規範を内容とすること，そしてその規範の内容は各人が他人との関係においていかに行動すべきかを要件と効果をもって定める準則からなるものとして一応定義できるだろう。しかし，そこからさらにすすんでより積極的定義を付与しようとすると，議論は多岐にわたり，しかも相互に対立し合っているのが実情である。

たとえば法実証主義者によれば，法は政治的に組織された社会──近代以降では国家がその典型をなす──の一定の機関，すなわち立法機関および法の執行機関によって設定・強制される実定的，すなわち条文や判例の形で客観化された準則を意味するものとされる。ここでは政治権力，とくに国家権力の物理的強制力の存在が法の本質的契機をなす。これに対して，権力のサンクションは法の本質的契機ではないとの考えもある。国家よりも社会，共同目的達成のための各種社会の存在こそ法の不可欠の契機をなして，各社会の構成員によって遵守されている限りにおいて法が法として機能していると考える。ここでは社会を構成する成員の，ルールに対する自発的服従という精神的習慣，責任感こそが法存立の不可欠の条件をなし，国家の物理的強制力は決定的意味をもたないとする。歴史法学や社会学的法律学の立場をとる論者に強くみられる法のとらえ方である。さらに，物理的強制力は法の本質的契機ではないし，また

国家の実定法や慣習法のような人定法に法は限られるものでもなく，これらの人定的法とは別に高次の，正義を内容とする法，すなわち自然法が存在するとのとらえ方もある。西欧社会において法律と権利，そして倫理的意味での正義の3者がともに同一の言語 (ius, recht, droit など) で表現されてきたことは，この社会でとくに自然法観念が強かったことをものがたっている。

　もし仮に法のとらえ方を以上の3つに限定した場合，中国で法実証主義的とらえ方に最も親近性を示すのが「法家」(legalist) の法のとらえ方である。とくに「法家」思想の集大成者である韓非の「法」の位置づけは，法の強制的契機を極限までつきつめたものであり (「聖人……その国を治めるや，明法を正し，厳刑を陳ね，将に以て群生の乱を救 (う)。……それ厳刑重罰は民の悪むところなり，而も国の治まる所以なり」姦劫弑臣)，また法の世界から「仁」や「義」,「愛」,「恵」といった道徳的，倫理的基準を排除しようとした点でも法実証主義を彷彿とさせる (「故に有道の主，仁義を遠ざけ智能を去り，之を服するに法を以てす」説疑，「吾，是をもって，仁義愛恵の用いるに足らずして，厳刑重罰の以て国を治むべきを明らかにす」姦劫弑臣)。さらに成文法規による画一性，常規性，予見可能性を強調した点でも典型的な法実証主義者であった (「法なるものは之を図籍に編著し，之を官府に設け，之を民に布くものなり」難三，「法術を釈て心治せば，尭も一国を正す能はず。規矩を去りて妄りに意度せば，奚仲も一輪を成すこと能はず。…中主をして法術を守り，拙匠をして規矩尺寸を守らしめば，即ち万失わざらしむ」用人)。しかし，法実証主義といっても彼の想定する「法」の範囲はきわめて狭く，①刑罰としての法，②官僚制的業務の準則として法，③官吏登用のための基準としての法，④土地政策，経済政策，治安政策などの国家の政策という意味での法，その中でも頻度からいったら君による臣下の統御の文脈において最も多く「法」が言及されており，法を

強制的規範としてとらえるとしても，社会内部における人と人との関係をいかに規律づけるべきかという視点からの法への接近は全くみられない。

ところで，彼の法理論の中においてときどき「道」とか「自然の理」といった用語が出てくる。そしてそれらの用語からあたかも彼が実定的法に超越する高次の法を想定していたかのごとき感を抱かせる。しかし彼の想定する「道」「自然の理」とは，君主が無為にしておのずから治まる理想的状態を意味するものであり，それは結局人治，徳治を排除し法，術に委ねるということでしかなく，倫理的意味での正義の観念が法の背後に想定されていたわけではない。

もとより韓非の法のとらえ方だけが中国における法の観念のすべてではない。「法」ということばひとつとっても，「法」を「正しさ」という意味で用いる場合もないわけではないし，「法」のもとの字である「灋」が，一角獣による是非曲道の判定＝神判として，いわゆる"鰐の裁判"と同様，超越的第三者による公平な裁きの意味を有していたことからして正義の概念を発展させる可能性がなかったわけでもない。また，人と人との社会的関係，とくに生活者的視点からの法のとらえ方が皆無であったとはいいきれないだろう。儒家の思想の中からたんなる道徳論ではない法的議論を再構成していくことが可能かもしれない。しかし，司馬遷が「法令なるものは治の具なり」と喝破したように，そして律，令などの現に存在した成文法の内容が刑罰法と行政法に限定されていたことに示されているように，韓非の「法」的な法のとらえ方は中国では支配的な観念として存在し続けた。

## ❸ 伝統中国における法の歴史

中国法は刑罰法および行政法を中心に発展をとげてきたが，なかでも刑罰法は中国法の主座を占め続けてきた。ここではこの刑事，行政両法の沿革をあとづけてみることにする。

### 1 秦漢時代

中国でいつ頃から法の制定が始まったのか定かでないが，春秋時代になるとたとえば鄭や晋の国において「刑書」や「刑鼎」が制定されたことが春秋左伝に記されている。こうした各国における成文法の形成は戦国時代になるといっそう強まっていった。文献史料によると魏の国の宰相であった李悝（りかい）が盗法・賊法・囚法・捕法・雑法・具法からなる法経六編を編纂し，その後秦の商鞅（しょうおう）がその法を律に改称したと伝えられている。ただ，この記事は唐代に編纂された晋書刑法志および六典等にはじめて登場し，戦国時代を知るうえでの基本的な文献史料をなす史記や漢書には何らそのことに関する記載がないことから，その信憑性に疑問も提起されてきた。またそれら法経六編あるいは六律にまとめられた各条文の内容についても明らかでない。ところが，1975 年に湖北省雲夢（うんぽう）県睡虎地において，秦の戦国末から帝政初年にかけての 1000 枚以上にのぼる竹簡が発掘され，その中には田律，厩苑律，倉律，金布律，関市，工律，工人程，均工，徭律，司空，軍爵律，置吏律，効律，伝律，行書，内史雑，尉雑，属邦など多数の法令が存在し，また魏の律（戸律，奔命律）も 2 条含まれていた。この新発見の秦律中には前述の六律の編目が見出せないが，戦国時代の秦および魏において（そしておそらく他の国においても）成文法典が制

定されていたこと、そしてこの時期すでに律のほかに令が存在していたことが明らかとなった。この令の性格については、律にまとめられる以前の単行法令であったろうといわれている。

　漢代においても秦の法を継承したが、蕭何（しょうか）によって法の整備がはかられ、9章の編目からなる法典が編纂された。後代の記載によれば、それは秦の六律に戸・興・廐の3編の律が加えられたものとされている。そして、この九章律の編纂とは別に甲・乙、丙の項目ごとに令が分類編纂された。ここでの令というのは、律を補充すべく皇帝が下した単行の法令のことであり、それが集積することによって令甲・乙・丙等とまとめられたわけである。ところで、この九章律と令との関係——のみならずおよそ伝統中国法全般——についてよく基本法と補充法という表現が使われるが、これを現在の憲法と法律・命令の関係のように理解してはならない。各種法令の根本にあって、それら法の規定しうる範囲を限界づけるという意味での基本法は中国法には絶えて存在しなかった。法の効力ということでいえば、その時々の皇帝の発する新法が旧法に優位するというのが中国法の一貫した原理であった。したがって、基本法ということばを使うとしてもそれはあくまでも法が法典としてまとめられ、体系的に成熟しているという意味でのことであり、この意味での基本法＝九章律を令が追加、補充していったわけである。また漢代にはこの九章律以外にも多数の律が制定されており、それらも補充法の役割を果たしていた。なおこのほかに、漢代には決事比という名の、刑事事件における比付（一種の類推的な法の適用）の事例を集めたものが存在した。

## 2　魏晋南北朝時代

　漢の滅亡後、法の歴史において重要な画期をなしたのは、1つは

三国魏の明帝，もう1つは晋の武帝による法典編纂である。まず前者についていえば，明帝による法典編纂以前に正律九編（漢以来の九章律）のほかに，漢代以来の追加法としての律からなる旁章，魏初の臨時の法典（滋賀秀三）としての科，やはり追加法としての令が存在していたのが，新律18編と州郡令45編，尚書官令・軍中令180余編にまとめられた。この18の編目とは刑名，盗，劫略，賊，詐偽，毀亡，告劾，捕，繋訊，断獄，請賕，雑，戸，興擅，乏留，警事，償賍，免坐の各律をさすといわれる（同上）。また令も従来のような単行法令の寄せ集めとは異なり，地方・中央・軍事の各領域ごとにまとめられた。この明帝期の法典編纂において特筆すべきことは，律18編のほかに漢代のように追加の律を認めないとしたことである。律を基本法典に限定するとの考えが確立したわけである。

これに対して晋の武帝による秦始律令の編纂は，「令に違いて罪有らばすなわち律に入る」（晋書刑法志）との言に示されているように，律は刑罰法，令は非刑罰的行政法という範疇的分化がはじめて確立した点において歴史的意義を有する。そして，そのことに対応して律のみならず令も基本法典として位置づけられることになり，この律・令を補充する法として故事が編纂された。晋律は，刑名，法例，盗，賊，詐偽，請賕，告劾，捕，繋訊，断獄，雑，戸，擅興，毀亡，衛宮，水火，廐，関市，違制，諸侯の20編（全620条），令は戸，学，貢士，官品，吏員，俸廩，服制，祠，戸調，佃，復除，関市，捕亡，獄官，鞭杖，医薬疾病，喪葬，雑（上中下），門下散騎中書，尚書，三台秘書，王公侯，軍吏員，選吏，選将，選雑士，宮衛，贖，軍戦，軍水戦，軍法，雑法の計40編（全2306条），故事は30巻からなった。そしてこの追加法としての故事はやがて格と式に分化をとげていくことになる。すなわち東魏において麟趾格が，また西魏において大統式が制定され，この律・令・格・式の体系が

隋・唐に継承されることになる。

## 3　隋唐時代

　この時期における主要な律令の編纂としては隋の開皇3年 (583年)，大業3年 (607年)，唐の武徳7年 (624年)，貞観11年 (637年)，永徽2年 (651年．なお，この律令は日本の大宝・養老の各律令の母法をなした)，開元7年 (719年)，開元25年 (737年) の各律令の編纂がある。このうち律の編目については，開皇律を承けて，武徳以降すべて名例，衛禁，職制，戸婚，廐庫，擅興，賊盗，闘訟，詐偽，雑，捕亡，断獄の編目からなり，その全容を現存している開元25年律 (全502条) によってうかがうことができる。他方，令については律と違ってその全容は散逸して伝わらない。ただ，日本において，令 (養老令) が令義解や令集解の形で大半残存していることによって——他面，中国とは対照的に律は散逸する——，それらを通して唐令の内容を推測することが可能であり，また日本令と唐代の基本的史料をつきあわせることによって相当の数の唐令が復元されている (仁井田陞『唐令拾遺』)。令の編目については，たとえば，開元7年令の場合，官品 (上下)，三師三公台省職員，寺監職員，衛府職員，東宮王府職員，州県鎮戍嶽瀆関津職員，内外命婦職員，祠，戸，選挙，考課，宮衛，軍防，衣服，儀制，鹵簿 (上下)，公式 (上下)，田，賦役，倉庫，廐牧，関市，医疾，獄官，営繕，喪葬，雑の各編目 (全1546条) からなっていたことが伝えられている。

　ところで，基本法典をなした律令を修正する必要が生じた場合，1つの方法としてはその後の律令編纂時に修正するという方法がとられたが，もう1つの方法として格によって修正・補充する方法がとられた。格とはその時々の皇帝が下す勅の中から将来的にも準拠すべき規定として法典化されたもので，貞観，永徽等数次にわたっ

てその編纂がおこなわれた。また，この格の編纂がおこなわれる間にも日々勅が下されるわけであるから，次期の格の編纂にそなえてそれらの勅をまとめておくという作業もおこなわれた。この種の勅を格後勅とか格後長行勅と称した。格には官司にとどめおく留司格と，天下に頒布する散頒格があり，その編目は吏・戸・礼・兵・刑・工の尚書六部二十四曹の組織に合わせて構成されていた。最後に，式であるが，これは律令に従属する施行細則であり，その編目は格と同様，国家の行政組織に合わせて構成されていた。

　中国法史上最も体系性をそなえていた唐の律令格式の法典は開元25年を最後として以後法典編纂としての事業はおこなわれなくなる。このことは律令のみならず格の固定化をも意味し，既存の各種法典を修正するための別途の法を必要とした。その役割を担ったのが格後勅であり，それはやがて五代に入ると編勅と称されるようになった。

## 4　宋元明時代

　一口に宋代の法といっても，11世紀後半の元豊期の前後でその性格に変化がみられる。すなわち，元豊以前にあっては唐以来の律令格式の法典が，その修正法たる編勅と並んで主要な法源をなした。なお，この時期参用された宋刑統という法典は唐の律本文とその注釈および関連の令・式，さらに勅を付したものである。これに対して元豊期に入ると，勅令格式と呼ばれる時代に変わっていく。このような移行をもたらしたのは，それまでの時期において最も主要な法源をなした編勅が集積され，従来とは異なった法の分類が求められたことによる。勅令格式体系のもとでの勅とは刑罰法を，令とは未然に禁ずる教令的法を，格とは賞格・服制の類いを，式とは書式を意味し，唐以来の律令格式のうち令，格，式は内容的に一新され，

また律の適用も勅に定めない場合に限定されることになった。

しかし，この宋の勅令格式のスタイルは元の時代に入ると放棄された。元はその当初，唐の法典にならった金の泰和律令を使用し，また唐の律令風の法典編纂も意図されていたが，結局その試みは果たされず，条格，断例の類いが主たる法源をなした。元の14世紀初期に編纂された『大元通制』によれば，元の法典として制詔（全94条），条格（全1151条），断例（全717条），別類（全577条）の4種がかかげられているが，重要な役割を果たしたのは条格と断例である。このうち条格は行政法規を，断例は刑罰法規を内容とした。そして元の法の特異な点は，それらの条文の大半が律や令の条文のように一般化された法命題の形をとっておらず，具体的な事件に対する処断がそのまま法文とされていたことである。

異民族王朝を打倒した明は，復古主義的立場から唐の律令法典の踏襲を意図したが，その律令の構成や内容の点になると元代の影響も強く受けていた。たとえば，律令の編目構成が唐のそれとは異なり，吏・戸・礼・兵・刑・工の6部門に分けられている点はその一例である。刑事法としてはこの律が基本法典として存在したのであるが，重要なことはこの律を補充する法として条例が考案されたことである。これは最初は問刑条例と呼ばれ，具体的な事例の中から法的効力を付与されて条文に組み入れられたものである。そして最初はその適用を律に定めがない場合に限定することが意図されていたが，やがて律に優位するようになった。次に行政法についていえば，明初に令が編纂されたが，これは条文数が全部で285条にすぎない点，またその中の刑令が大半は名例律に該当する等，その内容は唐のそれとは大きく異なっていた。さらに唐令との重要な相違点として，明代においてはもはや膨大な量に上る行政法規を令という1個の法典内にまとめあげることが不可能になったということがあ

る。その結果，明代における各種行政法規は唐の六典に相当する会典という名の書物にまとめられるしかなくなった。清代の法は大枠においてこの明代の法制を継承することになる。

## 5 清　代

　清代においても法の性質に変化はなかった。すなわち，国家法として存在したのは，刑事法および行政法という公法の領域に限られた。ただ，行政法に関しては，唐令のような行政法典の編纂・公布といった形式はとられず，各種行政法規を会典，会典事例，則例等の書物に登載する方法がとられた。会典は行政機関の組織権限，事務の準則等の大綱を記した書物で，康熙，雍正，乾隆，嘉慶，光緒の各会典がある。会典事例とは各行政機関ごとに関連する先例を分載したもので，この先例は当初は会典の中に収められていたが，やがて嘉慶および光緒会典事例のように会典とは別個の書物に分載されるようになった。また則例は中央の各行政機関ごとに新たに生じた先例を適宜編纂したもので，吏部則例，戸部則例，礼部則例，兵部処分則例，工部則例等がある。なお，刑部則例というのがないのは，刑部において重要な法源をなした条例がそれに該当したからである。また特定の業務ごとにまとめた則例的なものとして六部処分則例，漕運全書，学政全書等がある。さらに1省の事務に関する先例を集めたものとして，いくつかの省で省例と称すべきものが編纂された（たとえば，湖南省例成案とか江蘇省例等）。

　刑事法に関しては，清代における主要な法源をなしたのは明代と同様，律と条例である。このうち律に関しては順治3（1646）年に最初の編纂がおこなわれたが，律の内容が最終的に436条の条文として確定するのは雍正3（1725）年制定の律においてである。すなわちその編目構成は，明律の構成と同様，現在の刑法総論に該当す

る名例をかかげた後に，中央六部の編成に合わせて，各論的規定が吏，戸，礼，兵，刑，工の各律のもとに定められた。その条文数は名例律が46条，吏律（職制・公式の2部門に区分）が28条，戸律（戸役・田宅・婚姻・倉庫・課程・銭債・市廛）は82条，礼律（祭祀・儀制）は26条，兵律（宮衛・軍政・関津・廐牧・郵駅）は71条，刑律（賊盗・人命・闘殴・罵詈・訴訟・受贓・詐偽・犯姦・雑犯・捕亡・断獄）は170条，工律（営造・河防）は13条からなり，条文総数で明律より24条少ない。

　律の内容が雍正3年のそれで固定したのと対照的に，というよりは固定したがゆえにそれを補充するために条例の編纂がしばしばおこなわれ，康熙初年で321条であったのが，雍正3年で824条，乾隆5年で1042条，同治9年の最後の条例編纂においては1892条の多きにのぼった。その間，条例の編纂方法にも変化がみられ，雍正3年の編纂時においてそれまでの条例を順治期までの原例（321条）と康熙期の増例（299条）と雍正期の欽定例（204条）に分類記載する方法がとられたが，乾隆5年の編纂時において従来の3区分をやめてすべての条例を関連の各律の後に記載する方法がとられるようになった。なお，条例の編纂の時期に関して，乾隆5年以後の編纂については3年おきにおこなうことが定められたが，同11年に3年が5年に変更され，以後ほぼ5年おきに編纂がおこなわれた。

　清代の主要な法源は律と条例であり，後者が前者の補充をなしたわけであるが，条例自体も3年あるは5年ごとの編纂であるから，その間に律や条例を修正する必要がしばしば生じた。もちろんその決定主体は皇帝であり，彼は自らの発意において，あるいは臣下の上奏に対する裁可の形で既存の法の修正をおこなった。その際の皇帝の意思の表明は諭・旨・奏准・題准などといった形式でおこなわれ，このうちで1回限りでなく将来的にも法的効力を付与したもの

を通行と称した。そして，これらの通行の類いの中から条例編纂時に新たな条例が組み入れられたのであり，法の変動が皇帝によって直接担われていたとこころに中国法のひとつの特色がある。

　以上の律，条例，諭旨類の3者はそれぞれ基本法典，副次法典，単行指令とも称されるが，この3者の法的効力に関していえば，諭旨，条例，律の順で位置づけられていた。そしてこのような効力の根底には，法はそのときどきの状況に応じていつでも改廃可能なものであり，新法が旧法に優位するとの観念が存した。それはちょうど法は旧きものであるがゆえに良きものであるとの西欧封建社会における法観念――それは基本法という思想を生み出す観念的土台のひとつをなす――の対極に位置するものであった。もっともすべての条例が律を修正する目的で制定されたわけではなく，律の不備を補う目的の立法もかなり多く存した。ところで法の効力ということでもうひとつ忘れてならないのは則例の類いの存在である。たとえば，故意もしくは過失によって量刑を不当に科した官司に対しては律に定めがあるが，実際には吏部則例の規定の方が優先的に適用された。法の領域によっては律や条例と則例とが重なるものもあり，そのときは則例が優位し，両者の関係はいわば一般法と特別法のような関係にあった。

　清代の刑事上の法源は以上の4者に限られた。担当の官司が刑事事件の処理をはかるときには必ずこのいずれかの法に依拠することが義務づけられていた。しかし，ある事件にどの法を適用したらよいのか，あるいは適用条文の意味内容をどのように解釈すべきかといった問題に出会ったとき，現代の法律家であれば判例を調べたり，注釈書をひもといたりするはずである。同様のことは清代でもおこなわれていた。すなわち正式の法源としては認められてはいなかったが，過去の具体的な事例（成案）や私人の手になる律の注釈，た

とえば，清代の沈之奇（しんしき）の大清律輯註などを参照のうえ適用法規を確定するという操作がおこなわれた。これらは事実上の法源，あるいは二次的な法源として位置づけることができよう。

## ❹ 律文の構造と内容

　清代の，そして帝政中国全般にわたって基本的な刑罰法典をなした律には以下のような特徴があった。

　まず，法文の構造において犯罪の類型＝構成要件が著しく個別化，細分化され，個々の法文が包摂しうる範囲が限定されていたということである。このことは一面では法の機械的適用を保障すると同時に，既存の法にあてはまらない事態＝法の欠如の事態を生み出さざるをえなかった。中国法が基本法のほかに副次法を随伴せざるをえなかったのもこの中国法の構造と密接に関係している。しかし，法の適用の窮屈さは，たんに構成要件の包摂力の弱さに由来しただけでなく，犯罪に対する量刑の幅が全くなかったということにも由来した。中国法が絶対的法定刑主義を採用した結果，妥当な量刑を探し求めてあえて別の規定を引用して処断するということもありえた。言語によって構成される法がもしその言語の枠にとらわれないとしたら，法は法としての生命を失うはずである。しかるに伝統中国法にはこの枠組としての拘束力が希薄であった。

　中国法における犯罪の類型の著しい個別化をもたらした要因を法の内容面よりみてみると，社会における人と人との関係を「分」という差別の相においてとらえる儒教倫理が法の中に実定化されていたということがある（このことを法の儒教化と称する論者もいるが，儒教倫理が法＝刑罰によっても強制されるようになったという意味では儒教の法化と呼ぶこともできる）。このことはとくに自然犯の規定の多い刑律の

人命や闘殴の部分に多く見出されるが,親属相互の辛辣に応じて個別的に犯罪類型を定める結果,きわめて煩雑な法の構成をとることになった。抽象的「人」の平等を内容とする普遍主義的法との対比でいえば個別主義的法の性格を中国法は色濃くまとった。

ところで,中国法を他の法系から分かつ大きな特質のひとつとして,そこにおける私法の欠如ということがあげられる。社会構成員の財産関係上の権利・義務を定めた私法が存在しないことは中国に市民社会が存在しなかったことを端的に物語るものである。たとえば,戸律中に銭債という編が設けられているが,このことばから何か債権・債務,たとえば金銭消費貸借契約に転用可能な命題を含む準則が存したかのように連想するとすれば裏切られることになるだろう。そこにはわずかに3条の,しかも内容的にも利息制限,寄託財産の横領,遺失物の拾得に関する規定があるのみで,契約法の片鱗すらうかがうことはできない。また商取引が中国でも相当程度発展をみていたにもかかわらず,律の中には官＝国家の側からの規制,つまり行政法的処罰規定以上のものは規定されていない。もっとも律の中にはたとえば「典売田宅」条の規定とか,「男女婚姻」条の規定,あるいは養子縁組に関する「立嫡子違法」条の規定など現在でいう民事紛争の処理に転用できる命題を含んだ規定もなかったわけではない。また条例やとくに戸部則例等にも転用可能な規定が存在しなかったわけではない。

しかし,その数には限りがあり,また関連する国家法上の規定が存したとしてもそれが現実の紛争にそのとおり適用される保障はなかったので,もし円滑な財産関係の維持をはかろうとすれば別途の方法が講じられなければならなかったはずである。このことは国家法とは別に社会内部に財産関係を律しうるような独自の法＝慣習法が存在したのかどうかという問題にかかわってくるが,少なくとも

紛争解決のために適用されるルールという意味での慣習法の存在は認めがたいというのが現在のところ有力な見解をなしている。むしろ財産関係の維持ということで目立つのは，さまざまなタイプの契約文書の存在である。契約文書の中に当事者双方が遵守すべき事項を盛り込んでいくことによって未然に紛争を防ぎ，またすでに生じた紛争解決の基準としていくということが，中国のように民事法の不備な社会においてとられるべき有効な方法であったと思われる。

# 第 2 章
# 刑事事件・民事紛争の処理
―― 清代の場合 ――

## ❶ 事件・紛争処理のための機関

　われわれは刑事事件や民事紛争の解決方式としての裁判という方式をいかなる社会にも存在する何か普遍的なものとして考えがちであるが，はたしてそうであろうか。本章ではこの問題を念頭におきつつ，清代における事件・紛争処理の機関，事件・紛争処理の過程，具体的事件および紛争処理に際しての法の適用のあり方についてみてみたい。

　日本をはじめ多くの現代社会では，裁判の種類として民事，刑事，および行政事件がそれぞれ手続的に区別されている。ところが伝統中国の国家法のもとでは，それが裁判であったか否かは別として，刑事事件処理のための手続とは別に民事紛争処理のための手続がとくに予定されていなかった。またそもそも犯罪類型の要件を定めた実体法と区別された意味での手続法は存在しなかった。婚姻や養子縁組をめぐるトラブルとか，売買や賃貸借，消費貸借をめぐるトラブルといった，現代であれば民事紛争に属する事案も，伝統中国の国家機関の手にかかる場合には軽微な刑事事件として処理された。そしてこの軽微な刑事事件（民事紛争を含む）は「細案」と称され，

重大な刑事事件（それを「重案」と呼んだ）とは異なった処理が事実上とられた。

「細案」とは，量刑的にみて笞，杖および枷号に該当する案件をさし，それらは県の長官である知事（もしくは知州）の一存で処理をはかることが認められていた。これに対して徒，流，充軍，発遣および死刑に該当する案件は最初に当該案件を担当した県（州）の段階で完結させることはできず，必ず上級機関の手を経ることが必要とされていた。すなわち徒罪案件（ただし人命案件は除く）であれば省の長官である総督・巡撫の段階で，徒罪案件中の人命案件および流罪案件は刑部の段階で，そして死罪案件であれば三法司（刑部，大理寺，都察院）の会審を経て皇帝だけが最終的な決定を下すことができた。

「重案」の処理，すなわち徒刑以上死刑に至る量刑の原案および決定にかかわる国家の各級機関としては，県（庁，州），府（直隷庁，直隷州），按察使司，総督・巡撫の各地方機関と，刑部，大理寺，都察院等の中央の機関が存したが，この中で県は最初に事件を受理する機関として，また刑部は全国の刑事事件を統括する中心的機関として重要な位置を占めた。

社会との接点をなす国家機関としての県はたとえば光緒期においては全国で1314存し（なお県と同級の庁は78，州は145），1県あたりおよそ10万人〜25万人の人口を有した。県の長官である知事（その官品は六品〜七品）は民事紛争・刑事事件の処理の他に，租税徴収，土木，教育などあらゆる行政に対して責任を負った。また県によっては正印官の知県の他に，県丞（八品）や主簿（九品）といった佐弐官，さらには典史，巡検，駅丞，税課司大使，倉大使等の属官によって補佐されるところも存した。もちろんこうした官員のみで万般の行政を執行できるわけはなく，胥吏（その数は多いところで2000人

から3000人にのぼる）や衙役（多いところで1500人以上）といった国家の公的な吏員，知県の私的顧問である幕友や私的従者である長随等が公的，私的に県の行政に携わった。

　知県がすべての事件を最初に受理する機関として重要な位置を占めたとするなら，刑部は全国から刑部に宛てて上申されてくる事後報告案件の審査，刑部の決定を必要とする案件の審査，皇帝に宛てて上申されてくる具題の刑事案件の審査等，全国の刑事事件の処理の要を占める機関として重要な役割を果たした。そして，刑部の部内資料である『刑案匯覧（けいあんかいらん）』の類いを読むならば，当時の刑部のスタッフが法の適用という，高度の専門知識が要求される業務に相当程度習熟していたことを理解できるだろう。

　刑部の内部組織は，部内の最高意思決定機関をなす堂官（刑部尚書，左右侍郎らによって構成）とそれに統属する司官（郎中，員外郎，主事らによって構成）に大別され，案件はまず司官のレベルで原案が作成され，堂官が決定を下すという順序を踏んだ。その際，困難な事案であれば司官あるいは堂官の諮問を受けて律例館が先例の調査や原案の作成にしばしば携わった。刑部の人員の総数は胥吏まで含めると1000人以上に及んだといわれる。

## ❷ 刑事事件処理の過程

　中国における民事紛争および刑事事件の処理の形態が裁判の性格になじむものであったかを考えるためには，紛争や事件の発生からそれらの最終的な処理に至るまでの過程をあとづけてみる必要がある。そこでまず，刑事事件に限定してその過程をみてみよう。

　事件が発生するや，その被害者，親族，隣人，保正，甲長等が「状詞」を作成して官に訴えを提起することをもって事件処理の手

続が始まる。この訴えを「告」「控告」「首告」などと称し，加害者が不明であれば「報」「呈報」などと称した。この訴えの提起日については定めがあり，謀反，大逆，盗，人命等の重大な案件については随時訴えが認められていたのに対して，軽微な刑事案件については3，6，9のつく日（19世紀以後は3，8のつく日）に限られていた。また，後者の案件については4月1日から7月末までの農忙期における訴えは禁止されていた。

　この訴えを受理すべきか否かの決定は，実際には幕友が関与していたとしても，州・県の正印官＝知州・知県のみがなすことになっていた。知県（知州）は訴えが書式を満たしているかどうか，訴え禁止期間にあたらないかどうか，老人（80歳以上）幼児（10歳以下）の単独の訴えでないかどうかといった形式的要件を審査し，さらに形式的要件は充たしていてもたとえば当該案件が恩赦の発令以前のものでないかどうか，はたまた審査に耐えうるだけの証拠が提示されているかどうかといった点を勘案して受理の可否を決した。この可否の決定のことを「批詞」と称した。そしてもし訴えを受理しないときはその理由を明示しなければならなかったし，反逆や人命，強盗等受理すべき重大な案件を受理しなかったときは刑事罰が科された。

　訴えが受理されると，被害にあった人と物の検証がおこなわれる。事物の検証のことを「勘」，人の死・傷の検証のことを「験」，双方をあわせて「勘験」と称した。とくに人の死傷の鑑定については量刑に直接かかわってくるがゆえに正確さが要求された。またこの「勘験」と前後して，関係者——被害者，隣人，保正，甲長等——に対して尋問がおこなわれ，これを「初訊」と称した。そして，こうした検証や尋問をふまえて犯人逮捕のための捕り手＝「捕役」が派遣されることになるが，これを「差緝」とか「拘提」と称し，そ

の際，捕役は原則として「拘票」とか「差票」と呼ばれた逮捕許可証の持参を義務づけられていた。

　ところで，中国では地方官がその管轄内で発生した人命・強盗事件を秘匿するのを防ぐため，上級機関への事件の報告義務が課されていた。このうち事件の概略を信書の形式で速やかに（人命案件であれば5日以内に，強盗案件であれば3日以内に）上級機関に報告する形式のものを「稟報」とか「通稟」と称し，その後に検証の結果を詳細かつ正確に記し，官印を押した公文書の形式で上級機関に報告するものを「詳報」とか「通詳」と称した。そしてこの「稟報」や「詳報」に対して指示を発することがあり，その際私信の形式で発せられるものを「札」と称し，正式の訓示の形式で発せられるものを「批」と称した。

　さて被疑者が逮捕されると，その身柄を拘束し，管轄権を有する県（州）へ押送のうえ被疑者の訊問が開始されるのであるが，その際当該案件の原告および重要な証人も身柄を拘束された。この訊問のことを「験訊」と称し，そこではひたすら被疑者から自白を得ることがめざされた。なぜならば自白が有罪とするための唯一の証拠をなしたからである。したがって，自白を得るために拷問を用いることが法で認められていた。もし拷問を加えても自白が得られないときは，訴えた側＝原告人を尋問することになった。つまり拷問を加えても自白しないということは，原告の側が被疑者を誣告したとみなされたわけである。いずれにせよ自白を得ることによって有罪が確定し，以後は有罪とされた犯行に対してどのような刑罰を科すかという量刑の議論に入っていくことになる。なお，このような拷問を伴う自白中心の刑事事件処理の方式は帝政中国法の一大特色をなすが，これに対して他方，自白が証拠として重要な意味をもたず，拷問による自白の強要が禁止されていた社会も存在したことを忘れ

てはならない（たとえば，ヨーロッパや日本の中世封建社会）。中国においては，刑事事件の処理はつねに国家対被告もしくは国家対原告という二極構造をとり，国家がつねに糾問の主体として能動的に行動したのに対して，後者の社会にあっては，事件の処理が——当該者間での自力救済に訴える場合は別として——相争う当事者に対する第三者の立場からの受動的な判定にもとづいたことがこの差異をもたらした。

　前述したように，伝統的に中国では刑罰は笞—杖—徒—流—死の5種類からなり，この量刑の軽重に応じて刑を決定しうる主体も異なった。すなわち，笞・杖（および枷号）に該当する犯罪であれば州・県の段階で事件を完結させ，刑を執行することが認められていた。ただしこの笞・杖罪は軽微な犯罪（「細案」）として位置づけられていたので，必ずしも法の定めるとおりに処断することは期待されていなかった。実際にも知県らはしばしば訓戒を与えるだけで被告人を放免しており，実刑を科すかどうかは彼らの裁量に委ねられていた。

　これに対して，徒罪以上の量刑となると一転して法にもとづいた慎重な手続が踏まれ，徒罪案件（ただし人命案件は除く）であれば，その刑を完結させるためには総督・巡撫の承認をまたなければならなかった。最初に案件を受理した知県は自白にもとづいて科すべき刑罰とその根拠法を作成するのであるが，これを「擬」，「問擬」，「擬律」等と称した。いわば決定の原案である。そしてこの原案は直接の上級機関をなす府に上申され，もしそこで原案に疑義があれば再度下級機関＝州・県に差し戻された。これを「駁回」という。もし問題ないと判断すればさらに上級の機関，すなわち1省の刑事事件を専門的に扱う按察使に送られ，そこで同様の手順を踏んだ後に督撫に上申され，督撫が当該案件をもって徒罪に該当すると判断

すれば，最終的に量刑は確定し，刑の執行に移された。これを督撫批結の案という。ただし，督撫批結の案として刑が確定し執行に移されても，督撫は事後的に3か月に1度ずつそれら徒罪案件の詳細な審査内容を刑部に報告する義務が課されており，これを彙報と称した。そして，もし事後審査によって督撫の決定に誤りがあると判断されると，すでに確定した刑が覆されることもありえた。つまりこの決定には裁判の決定であれば内在するところの確定力というものが欠けていたのである。そしてこの確定力の欠如ということは中国のすべての機関を通して――皇帝自身の下す決定のレベルにおいてすら――見出される現象であった。

　さらに事案が人命に関する徒罪の案件および流罪，充軍，発遣の案件となると，督撫はそれらを1案ごと刑部に咨（はか）らなければ刑を確定させることはできず（「咨」とは対等者間での意見のやりとりに用いられる公用語のことである），このことは流罪等の案件の最終的決定権は刑部にあったことを意味している。そして刑が確定しても流罪等に該当する案件についてはその審査内容を1年毎に（もし京師で取り扱った流罪等の案件であれば刑部が3か月に1度）皇帝に事後報告しなければならなかった。これを「彙題」と称した。なお「重案」に対する督撫の原擬や決定といっても，実際のそれらの作成者は按察使であって，事実，光緒期になると流罪案件は督撫を経過することなく按察使から直接刑部に咨られるようになったといわれている。

　死罪案件については皇帝のみが決定を下すことができた。歴代王朝のもと，死罪の決定権が地方・中央の官に委ねられた時代もあったが，明・清期にあっては生殺の大権は皇帝が独占した。この死罪案件に関しては，州・県から上申されてきた原擬は督撫の段階で審査を経た後，皇帝に上奏されるのであるが，皇帝が最終的判断を下す前に以下のような手順を踏むことが予定されていた。皇帝への上

奏は，刑事事件に限らずあらゆる行政上の諸問題に関して「題本」と「奏摺」という2つの決定形式に分けられていた。このうち題本は，上奏の内容が通常の案件に限られ，手続的には通政使司で受理し，内閣でそれに「票擬」(付箋の形でしたためられた題本に対する意見書) を付したうえで皇帝の判断を仰ぐものである。清代の律および条例に定められていた死罪の条文数は400条をこえていたが，その大半はこの題本の形式によった。他方，奏摺は緊急もしくは機密を要する重大な案件——刑事事件であれば凌遅処死に該当するような案件——を対象として，上奏者から直接皇帝へ差し出されその親裁を仰ぐもので，雍正帝の時代に確立した制度である。ただ皇帝の親裁といっても数多くの案件を彼ひとりで処理できるわけでなく，軍機処や刑事案件であれば刑部がその原案作成に携わった。

さて，この題本形式の手続は次のようになっていた。皇帝は内閣からの票擬を受け取った後，当該案件の処理をめぐって三法司，すなわち刑部，都察院，大理寺の3機関に再度の審査を命じた (「核議具奏」)。また，とくに重大だと判断すればさらに拡大して九卿会議 (六部の長官と通政使司，都察院，大理寺によって構成) に審査を命じることもあった。しかし，これら各機関の中で主導的役割を果たしたのはもちろん刑部であった。そして手続の実際をみると，以上の形式的手続とは別に「掲帖」と呼ばれる当該案件の処理に関する原擬の副本がいち早く各省から刑部に送られ，皇帝の三法司に対する核擬具奏の命令が出る頃にはすでにその上奏原案は刑部においてできあがっていたといわれている。他方，奏摺形式の案件についても刑部が核擬具奏の主導権を握っていたようである。

刑部単独の，また三法司その他の機関からの上奏を受けて，皇帝は死刑の可否，および死刑の種類について最終的な断を下すことになる。そしてもし皇帝が斬・絞立決および凌遅処死の断を下したと

きは直ちに刑の執行がおこなわれたが,斬・絞監候の場合であれば死刑の執行が延期され,あらためて当年度もしくは次年度に死刑の可否が論じられることになる。これを秋審（正確にいえば秋審は外省で発生した案件の場合であり,京師で発生したのであれば朝審）と称した。

死罪を監候と立決に区別する制度は明代に始まるが,秋審制度として確立するのは清代の康熙帝以後のことである。その手続は地方と中央の２段階に分かれ,まず地方において按察使と督撫がそれぞれ死罪の可否に関する原擬を作成する。その原擬の内容は(a)死刑に処す（「情実」）,(b)１年間死刑の執行を猶予す（「緩決」）,(c)刑を減じて流罪もしくは徒罪に処す（「可矜」）,(d)死刑を免じ,枷号２か月・責40板に処したうえで身寄りなき親の面倒をみさせる（「在留養親」）の４種類からなり,各人犯についてそのいずれを妥当とするのかの原案を作成して,それを刑部に送り,そこで審議のうえ九卿会審の議に付す。こうした各機関の議を経て,最終的に皇帝が(a)～(d)のいずれかの最終的な断を下したのである。

以上が中国における国家機関の手になる刑事事件の処理の概略である。事件が量刑的にみて重くなればなるほどいかに慎重な手順がふまれたかがよくわかるであろう。この意味においては中国の事件処理は決して恣意的ではなかったのである。

## ❸ 法の適用上の特色

帝政中国にあっては一貫して成文法主義がとられてきたが,清代においても律,条例その他の成文法規にもとづいて刑事事件の処理をはかることが要請されていた。中国においては法はたんなる飾り物にすぎないとの議論もみられたが,少なくとも徒罪以上のいわゆる「重案」に関しては厳格に成文法にもとづいて刑罰を科すことが

法で義務づけられたいたし（「凡そ官司、罪を断ずるに、皆な須く具さに律例を引くべし」）、あえてこの法を無視して処断することは先にみた上級機関による審査制度（「覆審」）のもとではきわめて困難であった。事実、『刑案匯覧』所収の5000余件の案件中、律・条例その他の成文法規に根拠づけることなく下された案件は——おそらく節略によるものと思われる——1例のみである。刑罰を法にもとづかせるということは、決定主体の主観を排除して、類似の事件には類似の結論という意味での法的安定性を確保することにあった。

ところで、清代中国における法の適用に関しては、以下のようなことが定められていた。そのひとつは上述の、断罪に際しては律、条例その他の成文法規を厳格に適用するということであり、該当条文の趣旨を損なうような引用の仕方は厳しく禁止されていた。そして、もし担当の官司が故意もしくは過失によって刑を重くしたり軽くしたりしたときは、律もしくは吏部則例によって処罰されることになっていた。

次に、犯罪時と量刑時とで刑罰の軽重があるときは、律と条例とで異なった取扱いがなされた。すなわち律においては刑の軽重にかかわらず常に新法、つまり量刑時の法が適用される定めであった。いわゆる事後法が認められていたのである。しかしこの律文には乾隆期に註（「夾註」）が加えられ、そこにおいて条例については犯罪時の法を適用すること、ただし新条例における刑罰のほうが軽い場合に限って新法を適用することが定められた。律と条例とが抵触するときは条例によること、また律本文は実際には清代にあっては修正されることがなかったことを考えると、この事後法の規定は空文化していたといってよい。

さらに、当該事件に適用すべき条文がない場合にそなえて一種の法の類推適用が認められていた。比付と呼ばれるのがそれである

(「凡そ律令はあまねく載するも，事理を尽くさず。若し断罪に正条無くんば，他の律を援引比付し，まさに加うべく，減ずべくして罪名を定擬す」)。これは絶対的法定刑主義を採用し，しかも構成要件が個別化・細目化された結果，いわゆる包摂作用を欠くことになった中国法の構造に由来するものである。もちろん近代法上の罪刑法定主義の原理に照らせば，こうした比付の操作は許されない。しかし中国法が比付という一種の類推を認めていたからといって，法の適用が恣意に流れたわけではない。というのは，各級機関の官司が問擬に際して比付の操作をおこなったときは必ず上級の，最終的には三法司の審査を経たうえで皇帝による同意を得なければならなかったからである。なお，軽微な事件＝「細案」に対しては別に一種の空白処罰規定である不応為条（「凡そ人の犯す所の事，律例に在りて皆な坐（つみ）すべきの条無きも，これを情理にはかるにまた為すべからず。これを不応得為と謂う」)の適用が予定されていた。そして，こちらのほうはまさに「細案」であるがゆえに，適用者＝知県・知州の裁量に委ねられていた。

　ところで，法の適用に関する原則が定められていたとしても，具体的な法の適用過程においてはつねに一定の困難が伴った。たとえば，ある事件に適用可能な条文が複数存在するようにみえるとき，そのいずれを適用すべきか，あるいは適用条文は単一なるも，当条文の文言があいまいであって，はたして当該事件がその条文の中に包摂されうるものかどうか，さらには当該事件に適用すべき条文が欠けているとき，いったい他のどの条文を類推適用したらよいのかといった問題が存在した。そして，こうした事態に際してしばしば重要な役割を果たしたのが成案と呼ばれる過去の具体的な事件に対する判決例であった。

　国家法の規定するところによれば正式の法源としては，律，条例，則例などの条文のスタイルをとった法規，および具体的な判決例の

中で通行として将来の類似の事件に適用すべきことが皇帝の意思をもって正式に認められたものに限られ，1回限りの成案を具体的事件に引用することは禁止されていた（正律・正例以外で，成案に属し，通行を経て，定例とされたものにあらざれば，すべて適用を厳禁す」，断罪引律令条条例）。しかし，法の適用の実務に携わる官司の世界においては，この公式の規定は実効性を欠いていた。「刑事事件の処理の際しては，みな律や条例によって罪を定める。新旧の律例が存在するときは最近の条例を適用の準則とする。律や条例が具備していないときは近年の成案を詳しく調査してそれに依拠して処理す。成案もないときにしてはじめて他の律を比付す」との刑部のことばはその一例である。しかもこの成案は刑部の言にあるような律，条例などの欠如の場合，言い換えると比付すべき他の律や条例を特定すべき場合のみならず，律や条例がそなわっているときでもそれらの意味内容を確定したり，それらの適用例に不ぞろいがないかどうかを確認する場合にも引用された。類似の事件には類似の結論をという法的安定性の確保に，この成案が重要な役割を果たしたことはまぎれもない事実である。

　ところで，法の適用ということで注意しなければならないのは，このように法的安定性がめざされながらも，その操作が言語で表現された法規範の枠に必ずしもとらわれなかったということである。そのことをよく物語っているのが比付の操作である。もちろん比付という操作を容認すること自体が法規範の枠にとらわれないことを意味するのであるが，そこで注意しなければならないのは，この比付は現代法でいう類推とは異なるものであったということである。類推においては法の定める要件（刑事法であれば犯罪の構成要件）に類似性のあることが不可欠となる。ところが比付においては，いわゆる構成要件上の類似性ということは決定的な基準をなすものではな

かった。たとえば比付の適用例ということで，奴婢が主人の家屋に放火した場合には奴婢が主人を罵った場合の規定（その量刑は絞監候）を比付すべきであるということが清律例の巻末の比引律条に規定されている。この条は実際には実務上の参考資料程度の価値しか与えられておらず，しかもこの比付の想定するケースは後に雑犯律の「放火故焼人房屋」条の夾註に法文として挿入されることによって意味を喪失することになるが，中国における比付の観念をよく示すものといえる。すなわち，現在のわれわれが知っている犯罪の構成要件論からすると「放火」という行為と「罵る」という行為との間にはいささかの類似点も存在しておらず，このことは比付が行為の類似性ではなく，別の基準によって操作されるものであったことを示している。その別の基準とは，1つは当事者がいかなる身分関係にあるかということ（服制の有無）であり，もう1つはどの程度の量刑を科すことが妥当であるかということである。

しかも注意を要することは，この比付は当該事件に適用すべき明確な条文が存在するときでもしばしば用いられたということである。たとえば，奴婢が以前家長であった者を殴った場合には一般人間での闘殴罪で処断する（笞50）という規定があるにもかかわらず，それを避けて，あえて不応為重条（杖80・枷号2か月）に比付するとか，年上のまたいとこ（小功の堂兄）を過失によって死亡せしめた場合には一般人間での過失殺の規定（金銭刑で処断）が適用される定めになっていたにもかかわらず，それを避けて本件を「期親の尊長（兄姉，父の兄弟・姉妹）を過失殺」したときの規定（杖100）に比付するといった事案はその一，二の例である。こうした比付の操作をみると，中国における法文——それはもちろん言語で表現された要件と効果からなる規範であることに変わりはないのであるが——には法の枠組としての力がそなわっていなかったといわざるをえない。ある行

為が法規範の枠組に含まれるかどうかということ，このことは有罪・無罪を認定するうえで，したがって刑罰権の行使を統制するうえで決定的意味をもつわけであるが，中国の刑事事件の処理においてはこのレベルの議論は絶えてみられないのである。

## 4 民事紛争の処理

　現代日本の民事訴訟法においては，財産関係や身分関係をめぐる争いの解決方式として和解，調停，仲裁，裁判の4種が予定されている。そしてその争いの大半が日本では和解や調停で解決され，裁判の形式による解決は好まれないことについてはこれまでよく指摘されているところである。しかしどんなに好まれなくても，和解や調停による解決が不調に終われば最後は裁判で決着がはかられ，裁判が争い解決の基本をなしている。そしていったん裁判となると，第三者である裁判官は当事者の権利義務関係の確定に留意して判定を下す。ここでは各人に彼に帰属する権利を平等に付与すること，すなわち交換的正義の実現をはかることが求められている。

　中国でももちろん婚姻，養子縁組，家産の分割，土地の売買や賃貸借，金銭の消費貸借等をめぐって日常不断に紛争が発生した。そしてこうした紛争が発生したとき，できるだけ当事者の間での，あるいは社会内部での自主的な解決を求めるのが国家の態度であった。しかし，注意しなければならないのは，こうした国家の態度にかかわらず実際には相当数の民事紛争が州・県の官に訴えられたということである。「本県，任にのぞんで以来，呈訴を披閲すること（2年間で）計千有余紙」とか「民間の戸婚田土，その平かなるを得ざれば，ことごとく官に赴き控告せんとす。……(州県)自理の詞訟にして未だ完らざる者，衝繁の州県，数百件を下らず」といった類いの

言を諸文献の中から見つけ出すことはそれほど困難ではない。そしてこのような背景があればこそ，地方行政において刑事事件の処理のみならず民事紛争の処理も非常に重要視されていた（「吏治一端ならず。しかるに聴訟とりわけ喫緊たり。大疑大獄．民命の関するところは論ずるまでもなく，たとえ戸婚・田土・闘殴の小事たりともまたよろしく虚公に鞫審すべし」）。

そこで問題となるのは，民衆が解決を求めて訴えてきた紛争を国家の側はどのような方法で処理しようとしたかということである。前述したように，中国の国家法のもとでは刑事と民事の区別はなく，民事紛争といえども刑事事件と同一の手続で処理された。すなわち民事紛争は軽微な刑事事件として位置づけられていた。しかし，土地の所有や金銭の貸借をめぐって争っている当事者の一方に対して刑事罰を科したり，訓戒を与えることでその相手方の満足が得られるわけではない。ことがらの性質上，当事者の要求に一定の回答を与えざるをえない。

では，どのような基準を勘案しながら地方官達はこの要求に回答を与えようとしたのであろうか。この点に関して，地方官達の記した判語の類を見てみると「律」，「例」，「法」といったことばで表現される国家の成文法規（具体的には律，条例，則例など），地方官の下した個別的な指示（「批」），さらに「成規」，「向例」といったことばで示される地方官の役所における慣行が時として参照されている。これらはいずれも客観的に認識可能な規定ではあるが，民事紛争に転用可能な命題を含んだ規定としてはおのずから限りがあった。また，民事紛争の判断基準として契約書の存在も重要な役割を果たした。とくに中国のように民事法が不備の社会においては，当事者間での具体的な取り決めが重要な意義をもっていた。ただ，注意を要するのは，これらの客観的基準が仮に存在していたとしても，それ

がそのとおりに適用されたというわけではないということである。とくに金銭で折り合いをつけることが可能で、しかもそれでもって儒教的身分原理に抵触しない事案の場合、現在のわれわれの眼からみて権利ありと認められた側にも一定の譲歩を強いて、妥協をはかる形で解決をはかる場合が多かった。

　紛争解決に際して右の客観的基準以上に重要な役割を果たしたのが、「情理」の名でしばしば登場してくる、当該事件の具体的実状に即した判断であった。これは予見可能性を全く保障しえないがゆえに法準則とはなりえないものであるが、法や契約が存在しない場合はもちろんのこと、それらが存在するときでもそれらを破る強い効力をもっていた。ちなみのこれによく似たことばに日本民法における「条理」があるが、両者は全く性質を異にする。「条理」の適用に関しては、法律なきときは慣習に、慣習なきときは条理によれという文脈で使用されていることに示されているように、法律ないし慣習に準ずる判断をなすこと、つまりルールにもとづいた判断が期待されているのであるが、他方、「情理」にはそのようなルール性はそなわっていなかったのである。

## ❺ 刑事事件・民事紛争処理の非裁判的性格

　前節において中国における刑事事件および民事的紛争の国家機関の手になる処理の概略をみてきたが、問題はそこにおける処理がはたして裁判という独特の方式になじむものであったかということである。人間の存するところ必ず民事紛争や刑事事件の発生は免れがたい。こうした紛争や事件が発生した場合、ある特定の社会、たとえば封建社会のように政治権力の多元的構成を現実にとり、もしくは近代市民社会のようにきわめて強力な集権的国家権力の成立をみ

ながら意識的＝制度的に政治的多元主義の原理を作用している社会であれば裁判という独特の方式によって紛争・事件の処理がはかられてきたし，また現にはかられている。しかしこの裁判という方式はいつの時代にも，またいかなる社会にも普遍的に存在するというものではない。ある事件・紛争解決が裁判によるといえるためには少なくとも以下のような属性をそなえていることが必要である。

　まず第1に，裁判の前提として争いや事件が現実に存在するということであり，第2にそれらの紛争・事件に対する訴えが当事者の一方または双方からなされるということが必要である（この第1，第2の属性は裁判の受動的性格をあらわす）。そして第3に，裁判はあい争う当事者に対する第三者の立場からの判定でなければならないということである。したがって，たとえば刑事事件の捜査担当者が裁判官を兼ねるといった，いわゆる自己裁判は裁判とはいえない。第4に，この第三者による判定は当事者の主張と反論を基礎にしたものでなければならない。したがって当事者の主張・反論を排除したところでなされる決定は裁判による決定とは異なる。裁判とは，決定過程への当事者の参加が制度的に保障された独特の事件・紛争解決方式であり，当事者を排除した秘密の場でなされる決定は裁判の性格になじまない。第5に，決定の主体は他人に業務の一部ないし全部を委譲することなく，自らの手で独立して決定を下すものでなければならない（この第3〜第5の属性は裁判が何よりもまず決定の公正さを至上の価値とすることを意味している）。なお，このような方式による実体的判断が客観化された法準則にのっとって行なわれるとき，これを司法と称することができるが，逆に客観的法準則があるからといって裁判がおこなわれているとは限らない。

　さて，裁判というものを上記のように定義したうえで，まず中国の刑事事件の処理が裁判という方式になじむものであったかどうか

## ❺ 刑事事件・民事紛争処理の非裁判的性格

みてみよう。

　前節において，中国の国家機関の手になる刑事事件の処理は，量刑的に重くなればなるほどきわめて慎重な手続をふむことが定められていたことをみてきた。しかしこの事件処理の過程，すなわち，事件の発生から量刑の確定・執行に至るまでの過程において顕著な特徴をなすのは，中国では法廷における審理の段階が全く欠如しているということである。事件が発生し，被疑者を逮捕し自白を得るということはいわゆる警察的業務としての捜査の段階にとどまり，本来であればそこからはじめて第三者による審理が始まることになる。ところが中国では，自白を得ることにより被疑者の有罪は確定し，以後は量刑の段階に入ってしまう。ちなみに清代刑部の部内資料である『刑案匯覧』に収められている 5000 件以上の事案中，ひとつとして有罪・無罪を争う議論が見出せないのも，ひとたび自白を得た以後は量刑論に終始する中国の事件処理の特質にもとづくものである。捜査の主体から判定の主体が分離していないということは，とりもなおさず自己裁判によって事件の処理がはかられているということであり，それを裁判という概念に含めるわけにはいかない。

　なお，自白を得て以後の事件処理の関心が量刑論に終始したということは，中国における法の適用においても，前節の比付の操作にみたように法規範の枠組みに必ずしもとらわれないという特質をもたらした。ある行為が言語で表現された法文の枠組に包摂されるかどうかということ，このことは有罪・無罪を認定するうえで決定的意義を有するわけであるが，中国の刑事事件処理においてはこのレベルでの議論は絶えてみられないのである。それというのも，中国では有罪か無罪かの判断は捜査段階での被疑者の自白を得ることで決定し，以後の段階における法の適用という操作は，その有罪を前

提としたうえでの量刑論に終始したからである。量刑こそが主たる関心を占めるわけであるから、個々の刑罰規定は一応の目安以上のものではなかった。

さらに事件処理様式の関連でもうひとつ特徴をなしているのは、事件処理の決定——それは有罪・無罪の判定ではなく、量刑論に終始するのであるが——が地方・中央の国家機関の長い連鎖の中で決定されるということである。そこにおいては下級機関はつねに上級機関の、また同一機関内においても下位者は上位者の審査を経ること、言い換えれば下位者は上位者の指示、命令を仰ぐことが予定されており、それは決定の主体が自らの手で独立して決定を下すという裁判における決定の方式とは異質であった。

以上のような性格からなる中国の事件処理の方式を、それが裁判ではないとしたらどう規定すべきか問題となるところであるが、事件の処理が捜査および量刑・刑の執行という、領域的には行政の段階に終始していること、そしてこの行政においてこそ下位—上位の長い連鎖の中で決定が形成されていくという特質をもつものであるというべきであろう。中国のように社会の統治が官僚制のシステムをとるところでは、ちょうど自立的な諸身分のゆるやかな政治的結合のシステムをとる封建社会においてすべての行政が裁判の形式をとったのと対照的に、裁判的業務が行政の中に解消されてしまっていた（マックス・ウエーバー）ということができる。

中国の国家権力の中に刑事事件の面での裁判的機能を認めがたいとしたら、同じ国家が民事的紛争に対してだけ裁判的機能を発揮したとは考えにくい。そもそも中国の国家法のもとでは民事と刑事の区別はなく、民事は刑事事件処理の一環としてしか位置づけられていなかったことは、このことを裏づけるものである。さらに民事紛争における裁判的解決の特徴は、第三者である裁判官が当事者の権

利義務関係の確定に留意して，各人に彼の帰属する権利を平等に付与することにある。ところが中国の民事的紛争の解決においては，法や契約によって当事者の権利関係が確定できる場合にあっても，国家機関――知県や知府――はそれに拘束されることなく「情理」によってしばしば紛争の解決をはかっている。"各人に彼のものを』との標語で示される平等原理を内容とする交換的正義の実現ではなく，当事者の具体的実状に即してできるだけ双方の妥協を迫りつつ円満な解決をはかること，それによって事後の紛争の再発を防ぐことが目標とされた。こうした解決方式は現代の用語でいえば調停に近いものであったということができよう。

　現代中国における裁判の問題を考えるとき，実は20世紀初頭までの伝統中国の国家権力の中には裁判という独特の判定機能は存在していなかったということを十分に銘記しておく必要がある。

## あとがき

　本書は，筆者ほか共著の『中国法入門』(三省堂，1991年) の第 1 部「伝統中国の法制度」をそのまま採録したものである。『中国法入門』は幸い 9 刷を重ねることができたが，現代中国の目まぐるしい立法変遷の結果，現代中国法の部分は今となっては旧くなり，結局，絶版となってしまった。ただ，筆者の分担執筆した第 1 部は法制史の部分であり，現代中国法の立法変動の埒外にある。この筆者の執筆部分については，思いもかけず，高島俊男「独断！　中国関係名著案内」(『東方』147 号，1993 年) によってとりあげられ (その後同著『本と中国と日本人』ちくま文庫，2004 年，にそのまま掲載)，高い評価をいただくことができた。

　筆者は，本務校及びその他の大学で中国法制史を長年講義してきたが，前掲書が絶版になって以来，教科書なしで講義を行ってきた。しかし，中国法制史という，学生に予備知識を期待できない種類の講義において，教科書がないということは，学生の理解を著しく阻害したであろう。事実，学生からもしばしば教科書の指定を求められてきた。ただ，筆者は現代中国法の講義も担当しており，憲法，刑法，民法，訴訟法という基本的法律についての正確な知識を学生に提供するため，大半の研究時間を割かなければならず，中国法制史の新たな教科書を執筆するための研究時間を確保することはまったく不可能であった。怠慢の謗りは免れないが，結局，前掲書第 1 部の「伝統中国の法制度」をそのまま講義の教材として公刊せざるを得なかった。

　本書は，あくまでも中国法制史の受講生のための入門の書である。もし，本格的に中国法制史を勉強してみたいと思う学生諸君がおら

れれば，以下の二書を推薦したい。その一は，仁井田陞著『唐令拾遺』（復刻版，東京大学出版会，1964年）である。本書は，すでに散逸した唐令の復元の書であり，純然たる史料集である。しかし，法制史学というものが，史料をして語らしめる学であることを考えれば，史料の収集と選別の訓練を経ることなしに中国法制史という学問の峰に到達することはできない。仁井田氏はどのような方法によって，唐令の復元に成功し得たのか，典拠史料・資料に自らあたりながら学んでほしい。

　中国法制史学の必読の書をもう一冊あげるとすれば，筆者は躊躇なく滋賀秀三『中国法制史論集　法典と刑罰』（創文社，2003年）を挙げたい。本書は個別論文の収録の書であるが，しかし，個別論文を読むことで，中国法制史の全体像を深く，且つ体系的に把握することが可能となる稀有の書である。また，寸分の狂いも許すまいとする緊張に満ちた理論と実証の書である。およそ学問とはこういうものを云うのであろう。

　上記二人は世界に誇ることのできる数少ない大学者である。そうした大学者の書に是非接してほしい。

　なお，最後になったが，本稿の公刊を快く承諾された㈱三省堂に対して謝意を表したい。

**著者略歴**
　小口彦太（こぐち ひこた）
　　1947年　長崎県に生れる
　　1969年　早稲田大学第一法学部卒業
　　1982年　早稲田大学法学部教授，現在に至る

## 伝統中国の法制度　　定価（本体600円＋税）

2012年2月20日　初　版第1刷発行
©2012 H. Koguchi

|著　者|小　口　彦　太|
|発行者|阿　部　耕　一|

〒162-0041　東京都新宿区早稲田鶴巻町514
発行所　株式会社　成　文　堂

電話　03(3203)9201(代)　Fax (3203)9206
http://www.seibundoh.co.jp

印刷・製版・製本　シナノ
☆落丁・乱丁本はおとりかえいたします☆
ISBN978-4-7923-3295-2　C3032

検印省略